TURNING THE FLYWHEEL

A Monograph
to
Accompany
Good to Great

飞轮效应

从优秀到卓越的行动指南

(JIM COLLINS)
[美] 吉姆·柯林斯 著
李祖滨 译

中信出版集团 | 北京

图书在版编目（CIP）数据

飞轮效应 / (美) 吉姆·柯林斯著；李祖滨译. --
北京：中信出版社, 2020.4 (2025.11重印)
书名原文: Turning the Flywheel
ISBN 978-7-5217-1421-0

Ⅰ.①飞… Ⅱ.①吉… ②李… Ⅲ.①企业管理
Ⅳ.①F272

中国版本图书馆CIP数据核字(2020)第029719号

飞轮效应

著　　者：[美]吉姆·柯林斯
译　　者：李祖滨
出版发行：中信出版集团股份有限公司
　　　　　（北京市朝阳区东三环北路27号嘉铭中心　邮编　100020）
承 印 者：北京通州皇家印刷厂

开　　本：880mm×1230mm　1/32　　印　　张：4　　字　　数：50千字
版　　次：2020年4月第1版　　印　　次：2025年11月第14次印刷
京权图字：01-2020-0181
书　　号：ISBN 978-7-5217-1421-0
定　　价：48.00元

本着忠诚、爱和持久的友情，

致敬我的兄弟。

为什么有些公司能够构建持续发展的动力，

而其他公司却不能？

目录

推荐序

我大学本科读的是数学系。

数学系之外的院系，也学数学，但大多只学一门课：高等数学。数学系呢？要学十几门数学，比如数学分析、离散数学、概率与统计、图论、偏微分方程等等。

高等数学，大概可以说是这十几门深刻数学的“海边拾贝”。

如果有人问，那么，这十几门听上去不明觉厉的数学里，哪一门对你影响最大呢？

那一定是：**系统动力学**。

什么是系统动力学？

大部分人眼中看到的世界，都是由一个个**要素**构成的。比如这是果树，这是苹果，这是牛顿，这是大地。但是真正的高手眼中的世界，还包括他们之间的**连接关系**。

苹果和果树之间，通过果柄，产生了**结合**关系；

苹果与大地之间，通过引力，产生了**吸引**关系；

如果**结合关系**断掉，**吸引**就变成主要关系；

于是，苹果砸在牛顿头上，通过接触，产生了**作用力和反作用力**的关系。

系统 = 要素 × 连接关系

真正的高手，通过观察要素（果树、苹果、牛顿、大地），能洞察他们之间的连接关系（结合、吸引、作用力和反作用力），然后发现系统规律，推测系统走势。

这就是系统动力学。

为什么要讲这个？

因为吉姆·柯林斯的新书《飞轮效应》，其实全书就是在论述系统动力学四大基本连接关系（因果链、增强回路、调节回路、滞后效应）中的一种：**增强回路**。

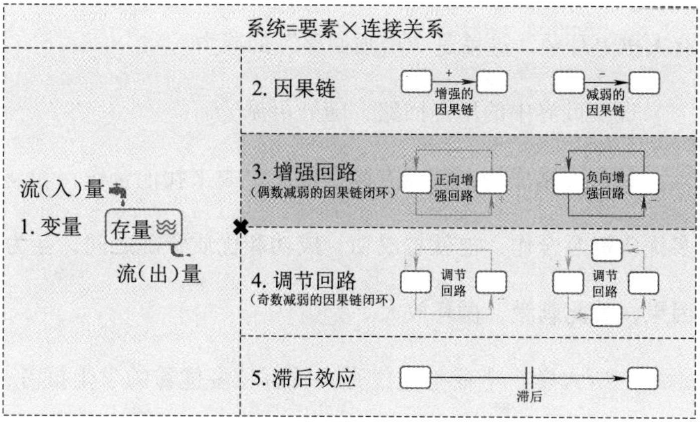

图 0–1 系统动力学四大基本连接关系

图片来源：刘润得到课程《商业洞察力·30 讲》

飞轮效应，就是增强回路

什么是增强回路？

因增强果，果反过来又增强因，形成回路，一圈一圈循环增强，就是“增强回路”。

想象一下，你用麦克风对着扬声器说话的场景。麦克风、扬声器之间，形成了一条一圈圈增强的“回路”。你温柔的声音，被循环放大，几秒之内就成为尖锐的“啸叫”，让所有人捂上耳朵。这就是“增强回路”的威力。

现实世界中的增强回路，随处可见。

一个人越成功，就会有越多优质资源来找他合作；和越多优质资源合作，他就越成功。**成功和优质资源之间，互为因果，彼此刺激，循环放大。**

一所大学，毕业生越优秀，就有越多优秀的学生报考；越多优秀的学生报考，毕业生越优秀。**优秀的新生和优秀的毕业生之间，互为因果，彼此刺激，循环放大。**

如果这个互为因果的关系，不止发生于两个要素之间，而是三个要素，或者四个要素呢？

这种首尾相连的因果链，就形成了一个“飞轮”。比如柯林斯在书中提到的，著名的“亚马逊飞轮”。

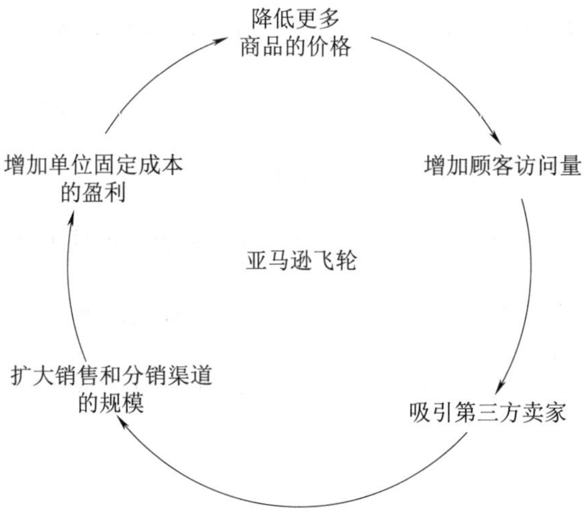

图 0–2 亚马逊公司飞轮

降低更多商品的价格（A），导致了**增加顾客访问量**

（B），然后增加顾客访问量，导致了**吸引第三方卖家**（C），然后又导致了**扩大销售和分销渠道的规模**（D），接着又导致了**增加单位固定成本的盈利**（E）。

一条因果链出现了：A → B → C → D → E。

然后，最有趣的地方来了。增加单位固定成本的盈利，最终又反过来导致了更多地降低商品的价格，也就是：E → A。

一个首尾相连的飞轮造出来了。

然后，亚马逊用难以想象的战略定力，推动了这个“亚马逊飞轮”20年，飞轮转速到了令所有人胆寒的程度，最终碾轧了所有竞争对手，获得了赢家通吃式的成功。

柯林斯这本书的贡献

原来飞轮效应（也就是增强回路）这么厉害！

但是，这听上去也是个显而易见的道理吧。**找到一个互**

为因果的闭环，把它放在一条长长的、湿湿的、厚厚的雪道上，然后十年如一日地持续推下去。一句话不就讲清楚了吗？

需要为此写一本书吗？

我们常常说：**懂了那么多道理，却依然过不好这一生。**为什么呢？因为这些道理讲了“why”（为什么），却没有讲“how”（如何做）。

就是给了你鸡汤，却没有给你勺子。

而柯林斯，用一本书的篇幅，在回答“how”（如何做）这个问题。

柯林斯在书中提出构造飞轮的七步法：

1. 列举出你的企业已经实现的、重大的、可复制的成功，包括远超预期的创举和新产品。

2. 列举出你的企业经历过的失败，包括公司那些远没实现预期或彻底失败的举措和产品。

3. 对比成功与失败的案例，并思考从这些经验与教训中我们能发现哪些可以组成飞轮的构件。

4. 利用你发现的飞轮构件（4～6个），草拟出一个飞轮。首先要确定飞轮始于何处，也就是飞轮循环转动中最重要的部分，再构思接下来依次是什么。你必须能解释构件之间的逻辑顺序，并据此描绘出回归循环到顶部的路径。同时，你还必须能解释清楚这个闭环是如何自驱加速的。

5. 如果构件超过6个，飞轮就会过于复杂，要通过巩固并简化构件才能抓住飞轮的本质。

6. 用你的成功清单和失败清单检验飞轮。你的实际经验是否可以验证它？你需要不断地调整飞轮结构，直到它既能将你最关键的、可复制的成功显而易见地呈现出来，也能将最重大的失败和最明显的痛点清晰地暴露出来。

7. 根据刺猬理论（三环理论）来检验飞轮。这一理论其实是一个简单、透彻的概念，它来自对以下三环交叉部分的深刻理解。(1)你对什么充满热情？(2)你能在什么方面成为世界上最优秀的？(3)是什么驱动你的经济引擎？

这是非常厉害的。

读到这一部分的时候，尤其是第7步“三环理论”时，我有种会心一笑的感觉。

柯林斯用“三环理论”回答了一个问题：

既然亚马逊飞轮这么厉害，我能不能直接拿过来，在我的雪道上往下推，而不是造我自己的飞轮呢？如果可以这么做，那么所有人都推亚马逊的飞轮，是不是都能获得成功呢？

当然不能。

因为你没有考虑到，每个人、每家企业，都有自己的特殊性。你所热爱、你所擅长的，决定了你能推的飞轮，和别人的注定不一样。

我想你也可以从这本书中，得到不少关于“how”（如何做）的收获。

CEO 面前只有两条路：增强回路和调节回路

给这本书的序言写到这里，我脑海中突然冒出一个有趣的问题：

那么，柯林斯的飞轮是什么呢？

我想，应该是：

写更多高质量的书（A），带来更多的声誉（B）；更多的声誉，带来与更多企业家、学者交流学习的机会

（C）；更多的交流学习，最后反过来，带来写更多高质量的书（A）的结果。

柯林斯作为自己的CEO，一直在推动着自己的飞轮。他写下了著名的《基业长青》《从优秀到卓越》《选择卓越》《再造卓越》。飞轮越转越快。

但是，这四本书都是用“对照组试验”（就是比较卓越的公司和普通的公司）的方式写作。“对照组试验”的写法，并不适合所有商业话题，于是它们开始慢慢成为柯林斯的调节回路。

调节回路就像橡皮筋，你拉得越长越成功，但是回拉的力也就越大。

摆在柯林斯（和所有CEO）面前只有两条路：增强回路和调节回路。增强回路，是油门；调节回路，是刹车。

柯林斯决定，用新的写法（涉及系统动力学），启动一条全新的增强回路，再次踩下油门。

这非常值得敬佩，值得学习。

最后，再次推荐大家阅读这本书。你也可以把这本书和柯林斯的其他四本成名作一起阅读。我相信，你一定能从他的观点和他自己的飞轮中，受益匪浅。

刘　润

润米咨询创始人，

《5 分钟商学院》主理人，前微软战略合作总监

1. 转动飞轮

TURNING THE FLYWHEEL

A Monograph to Accompany

Good to Great

建筑之美并非来自外部装修效果，
而是来自内在的一致与和谐。

—— **皮埃尔·奈尔维**（Pier Luigi Nervi）[1]

2001年秋天，《从优秀到卓越》首次面市，亚马逊公司邀请我与其创始人杰夫·贝佐斯及其高管团队进行一次深度交流。那时正值互联网泡沫破灭，很多人想知道亚马逊如何能从危机中走出来，也好奇它是否能成为一家卓越公司。我把我们的研究成果“飞轮效应”告诉了他们。企业从优秀到卓越的转型中，没有单一起决定作用的创举，没有惊人的创新，没有幸运的突变，也没有奇迹的瞬间。相反，整个过程就像是在持续地推动一个巨大的、沉重的飞轮。你使劲地推动飞轮前进了1英寸①；接着你继续推动飞轮，通过持续

① 1英寸=2.54厘米。——编者注

不断的努力，你的飞轮转动了完整的一圈；你不停地努力，飞轮转动得快了一些，2 圈……4 圈……8 圈……飞轮积累了动能……16 圈……32 圈……飞轮转得更快了……1 000 圈……1 万圈……10 万圈……终于，企业在某个时刻实现了突破！于是飞轮就以不可阻挡的势能持续向前转动着。

一旦你完全理解了如何在你所处的特定环境中应用飞轮效应（这正是本书的主题），并将遵循飞轮转动规律与自我创新相结合，你就能获得战略增长的力量。当你做出一系列明智决策并对其精准执行时，你的每一次行动都能汇集上一轮飞轮运转的动力。这，便是你实现卓越的过程。

听完我的介绍，亚马逊团队理解了飞轮的概念。他们运用这一概念，构建了亚马逊飞轮，让亚马逊获得了卓越表现。一开始，贝佐斯就为亚马逊注入了“为客户创造更多价值”的激情。这是一种巨大的动力，甚至可以说是一个崇高的目标。但真正让亚马逊实现卓越的关键因素并不是“崇高的目标”，而是贝佐斯及其团队使这个目标循环往复地被实践的一项机制。布拉德·斯通在《一网打尽》中写道，“贝佐斯及其管理团队构建了良性的业务循环方式，并坚信这种循环可以有力推动他们的业务发展。这种循环方式是：以更低的价格带来更多的顾客访问量，更多的访问量能带来更多的销售量，同时也能吸引更多需要支付佣金的第三方卖家。这就使得亚马逊能够将物流中心和服务器等固定成本分摊给第三方，从而确保自身获得更多收益。同时，更高的效益则使其能够进一步降低价格，循环往复。亚马逊管理团队相信在飞轮的任何一部分加大投入，都能推动飞轮的加速运转”。按照这样的循环，飞轮开始转动，形成持续运转的动力。**推动飞轮，增加运转的动力，飞轮开始不断地循环往复**。斯通还在书中写道，贝佐斯将亚马逊飞轮视为公司成功的“秘密武器”。[2]

图 1–1 展示了我对亚马逊飞轮实质的理解。（在本书中，

我会用具体的图例来说明飞轮这个概念。需要说明的是，这些只是我对每家公司的理解，而运用飞轮概念的企业领导者对飞轮的理解可能与我有细微差别。建议读者仅使用这些示意图来掌握飞轮概念，从而激发自己对飞轮的思考。)

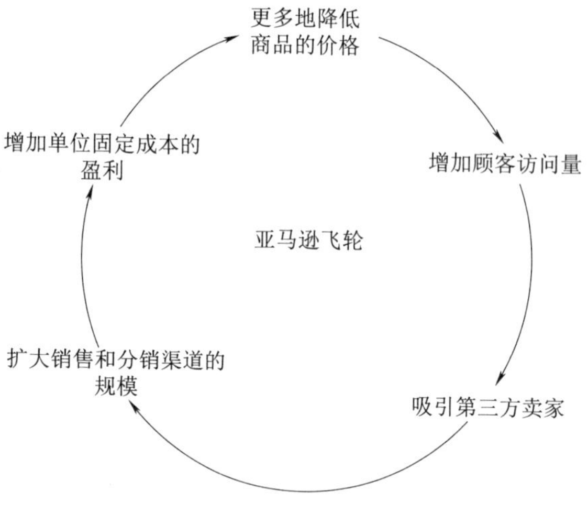

图 1-1　亚马逊公司飞轮

首先让我们一起来关注一下飞轮转动的逻辑。当你在脑海中将亚马逊飞轮转动了几圈后，你就会感受到飞轮效应的巨大力量，飞轮中的每一部分都会带你自然而然地进入下一部分，从而让你随着飞轮不停转动。

2000 年前后，在互联网泡沫破灭期间，贝佐斯和他的团队本可能和其他企业一样惊慌失措，甚至放弃其飞轮，并落入我在《从优秀到卓越》中描述的厄运之轮当中。当深陷厄运之轮时，企业面对令人失望的结果往往手足无措，一味去寻求救世主般的领导者、新的方案、新的潮流，并寄托于激进的变革，但到头来这只会令它们更加失望。面对失望的结局，它们会更加手足无措，最终只能面对令人更加失望的结局。与之相反，亚马逊没有放弃自己的飞轮，它在坚持践行飞轮效应的过程中不断对飞轮进行积极的创新和持续的加速。因此亚马逊不仅安全度过了经济危机，而且成为互联网时代最成功也最持久的公司之一。随着时间的推移，亚马逊将其飞轮进行迭代和延展，使其经营范围超越了简单的电子商务网站，并通过人工智能和机器学习等新技术来改进商业模式。通过这样的方式，亚马逊建立了一个以客户价值为中心的商业帝国，其规模之大让世界上许多大型企业都望洋兴叹。在整个过程中，亚马逊底层的飞轮架构几乎从未改变。

永远不要低估卓越飞轮的力量，因为它在很长一段时间内都能够提供令企业持续增长的动力。一旦你找到了正确的飞轮，你就会在未来数十年不断做决策，不断采取行动，不断地转动，不断更新和延展。飞轮转动了一圈又一圈，其累积的能量令人惊叹。为了达到这样的效果，你必须清楚地了解你的飞轮是如何转动的。你的飞轮肯定不会与亚马逊的一模一样，但是其逻辑应该是一样明确且合理的。

自《从优秀到卓越》出版以来，我让许多企业的领导团队效仿亚马逊去构建自己的飞轮。其中一些团队曾到访我们位于科罗拉多州博尔德的“从优秀到卓越”项目的管理实验室，在那里我观察到每个团队就像组装拼图一样设计他们的飞轮。为了设计出飞轮，他们不断地摆弄着这些拼图，过程中有争辩，也有严谨的思考。哪一部分是飞轮必备的？哪一部分是最重要的？接下来是哪一部分？为什么？我们如何完成循环？飞轮的构件是否过多？有什么部分被遗漏了吗？我们如何证明飞轮在实践中有效？渐渐地，属于他们自己的飞轮变得愈发清晰，感觉就像找到了拼图游戏最后那一块拼图。在构建出他们的飞轮后，这些团队着实兴奋了一阵，正如我当时发现了企业从优秀到卓越的秘诀之后那样兴奋。

2009 年，当时共同基金巨头先锋领航（Vanguard）的首席执行官比尔·麦克纳布（Bill McNabb）带领他的高管团队来到了博尔德，并用了两天时间明确了他们的飞轮。他们精准地抓住了先锋领航持续发展动力的精髓，我在下面的简化图例中对其飞轮结构进行了概括。

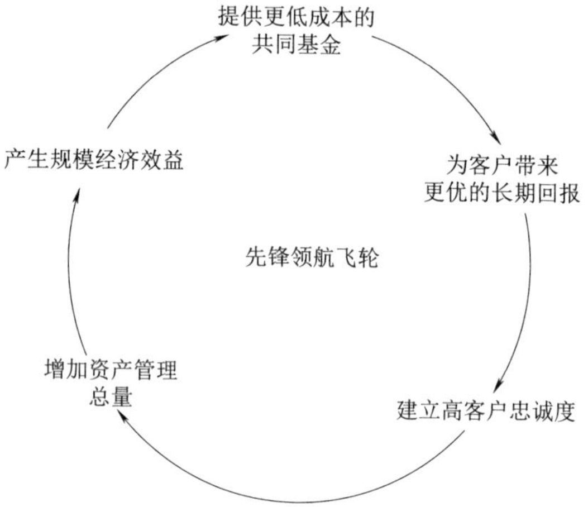

图 1-2　先锋领航飞轮

需要注意的是，先锋领航飞轮中的每一部分不仅是下一步的行动，而且是上一步的必然结果。如果你提供低成本的共同基金，相比产生相同收益但是收取更高管理费的基金而言，你自然能给客户带来更优的长期回报。如果你为投资者提供卓越的回报，你自然能够建立高客户忠诚度。如果你建立了高客户忠诚度，你管理的资产总量也会随之增加。如果你管理的资产规模扩大了，你就能产生规模经济效应。如果你的规模经济效应提高了，你就能为客户提供更低成本的共同基金……建立世界上第一个指数基金的约翰·博格，凭借其远见卓识，在过去几十年一直带领先锋领航转动着这样的飞轮。面对 2008 年至 2009 年的金融危机，他停下来重新厘清了飞轮的底层结构，其领导团队强烈地意识到他们需要积聚持续发展的动力。在接下来的 2009 年到 2017 年，先锋领航的飞轮不断积攒动力，其资产管理额增加了一倍以上，总额超过 4 万亿美元。[3]

先锋领航的案例阐明了卓越飞轮就像一个连锁反应链的运转：如果你完成了一个环节，你就会被推进到下一个环节，接下来是一个又一个环节。所以在考虑自己的飞轮时，一定不要将它视作一个静态的环形目标列表，而要掌握能够激发它持续转动、积攒势能的逻辑顺序。

飞轮的逻辑顺序的内在原理体现出的是敏锐的战略洞察力。1982 年，斯坦福大学商学院教授罗伯特·伯格曼教给整个教室的学生（我也是其中之一）一个道理：工作和生活中最大的危险不是彻底的失败，而是成功了却全然不知成功的原因。在我 25 年来对企业成功之道的研究过程中，尤其是在探索优秀企业衰落的原因时，伯格曼这句话一直在我脑海中回荡。只有深刻理解了驱动飞轮转动的真正原因，你才可以避免伯格曼所说的危险。

2. 卓越
飞轮的持续性

TURNING THE FLYWHEEL

A Monograph to Accompany
Good to Great

严重的战略错误往往就是没能极具进取性地、持续地取得胜利，一些管理者会犯这个错误是因为他们沉醉于不断寻找新的爆品。有时他们确实也找到了某些新的爆品。然而，我们的大量研究表明，如果你真正地构建你的飞轮，并一直专注于飞轮的迭代和延展，那么你的飞轮就会经久不衰，甚至能够确保你的组织成功跨越重大的战略拐点或不确定性。而这需要组织管理者清楚地认识到飞轮的底层结构并不是单一的业务生产线或业务活动。

英特尔从存储芯片到微处理器的戏剧性转变就能很好地说明这个观点。英特尔创始人戈登·摩尔在 1965 年提出了摩尔定律：当价格不变时，集成电路上可容纳的元器件的数量，约每隔 18 个月就会增加一倍，性能也会提升一倍。英特尔公司最初就是根据摩尔定律建造了其经营飞轮，用以描述英特尔各个经营环节的作用与逻辑顺序：开发客户期待的新款芯片→在竞争对手赶上来前设置高的定价→随着产量增加，形成规模经济，单位成本得以降低→即使在竞争对手压低价格的情况下，英特尔也能获得高额利润→将这些利润再次投入研发和下一代芯片设计。正是这样的一个飞轮助力了英特尔在存储芯片业务上从初创公司成长为卓越企业。[4]

然而，到了 20 世纪 80 年代中期，存储芯片行业陷入残酷的国际价格战，这导致英特尔销售额下滑，利润蒸发。首席执行官戈登·摩尔和董事长安迪·格鲁夫面临着严峻的挑战：在竞争对手的打压下，英特尔的存储芯片业务难以再持续获利。在格鲁夫的著作《只有偏执狂才能生存》中，他回忆了这段经历。

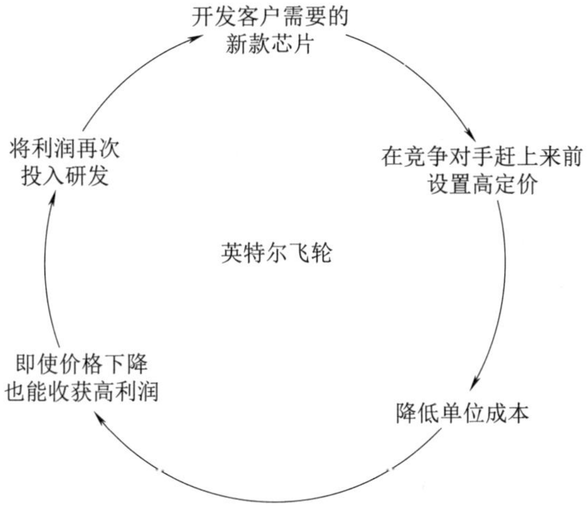

图 2-1　英特尔公司飞轮

当时，他问了摩尔这样一个问题："如果我们被取代，在新的管理层进来之后，他们会做什么？"

"退出存储芯片业务。"摩尔想了一会儿说。

格鲁夫沉思片刻后说道："关闭存储芯片业务，我们自己就可以做到这一点。"[5]

我可以想象出这样的画面：格鲁夫和摩尔相互指着对方说“你被解雇了”，之后两人同时走到走廊中，又互相指着对方说“你被录用了”。然后他们就像新上任一样走回办公室，说：“就这么定了，我们要放弃存储芯片业务！”

现在我们来思考下面这个问题：在做出这样的大胆转型决策时，英特尔抛弃了它原有的飞轮了吗？当然没有！十多年来，虽然英特尔一直专注于微处理器业务，但支撑其早期存储芯片业务的飞轮结构还是一样适用于现在的微处理器业务。英特尔从存储芯片到微处理器，虽然业务不同，但其飞轮转动的逻辑是一样的。

2002年，在讨论如何成就卓越企业时，我与格鲁夫就这个问题进行了讨论。当我问到英特尔当初如何做出退出存储芯片业务的决定时，格鲁夫解释道：“从飞轮的结构来看，英特尔公司从存储芯片业务向微处理器业务的转型并不是突然的断裂，也不是突兀地创造另一个新的飞轮，它其实只是将驱动飞轮的动力从存储芯片逐步转变为微处理器而已。”如果英特尔在退出存储芯片市场时就抛弃了原有的飞轮，它就不会成为推动个人电脑变革的微处理器制造商。

> 一个真正卓越的公司，不会把某个特定业务线、产品、创新或发明当作最重要的事。真正重要的事，是对你的飞轮结构要有精准理解。如果你的飞轮没问题，只要持续地进行迭代和延展，它就能引领并驱动企业十年甚至更久的持续发展。亚马逊公司、先锋领航和英特尔公司并没有因为外界的不确定性破坏飞轮，而是持续转动各自的飞轮，最终它们成功改变了世界。

企业并非要一味地重复之前的工作，而是应当不断地迭代、扩张、延展。对先锋领航而言，并不是只要给出约翰·博格追踪的标准普尔 500 指数基金就行了，更重要的是，要在先锋领航的飞轮逻辑之上，运用多类型资产，创建出大量低成本基金。对亚马逊而言，仅仅线上售书是不够的，还要不断进行扩张，将其变革成世界上最大、最全面的电商平台，然后再将飞轮延展到诸如 Kindle 电子书和 Alexa 智能音箱等自营设备的销售上，最后亚马逊 2017 年收购了全食超市并进入了实体零售领域。对英特尔而言，它不执着于原有的存储芯片业务，而是将英特尔原有的飞轮逻辑重新运用到了微处理器业务中。

值得一提的是，虽然我认为飞轮可能是会变化的，但亚马逊、先锋领航和英特尔这三家公司都在高度动荡的市场环境中长期坚持推动他们的飞轮，并因此收获了数十年的持续增长。虽然英特尔最终的发展远远超越了存储芯片业务，但不可否认的是，正是英特尔最初的飞轮支撑了其三十多年来从崛起到卓越的路径。即使先锋领航已经成立了半个世纪，其飞轮的潜在逻辑也基本保持不变。就在 2018 年我撰写这本书时，亚马逊虽然经历了持续的技术迭代和业务扩张，但最初的飞轮在近二十年的发展中依然有效运转、稳健如初。

在本书接下来的部分，我会讲解卓越的公司是如何更新和延展它们的飞轮的。如果某天醒来你发现你的飞轮不再奏效了，那么你就得准备重建或更新飞轮。但在决定淘汰飞轮之前，你需要理解它的深层次逻辑。千万不要随意放弃一个可持续、可更新、可延展的有效飞轮。

3. 构建
飞轮的步骤

TURNING THE FLYWHEEL

A Monograph to Accompany

Good to Great

如何构建飞轮呢？我们的管理研究室开发出了一个通用流程，并在与各种类型的组织交流后对其进行了优化。以下是几个基本步骤。

第一步，列举出你的企业已经实现的、重大的、可复制的成功，包括远超预期的创举和新产品。

第二步，列举出你的企业经历过的失败，包括公司那些远没达到预期或彻底失败的举措和产品。

第三步，对比成功与失败的案例，并思考“从这些经验与教训中我们能发现哪些可以组成飞轮的构件”。

第四步，利用你发现的飞轮构件（4～6个），草拟出一个飞轮。首先要确定飞轮始于何处，也就是飞轮循环转动中最重要的部分，再构思接下来依次是什么。你必须能解释构件之间的逻辑顺序，并据此描绘出回归循环到顶部的路径。同时，你还必须能解释清楚这个闭环是如何自驱加速的。

第五步，如果构件超过6个，飞轮就会过于复杂，要通过巩固并简化构件才能抓住飞轮的本质。

第六步，用你的成功清单和失败清单检验飞轮。你的实际经验是否可以验证它？你需要不断地调整飞轮结构，直到它既能将你最关键的、可复制的成功显而易见地呈现出来，也能将最重大的失败和最明显的痛点清晰地暴露出来。

第七步，根据刺猬理论（三环理论）来检验飞轮。这一理论其实是一个简单、透彻的概念，它来自对以下三环交叉部分的深刻理解。

（1）你对什么充满热情？

（2）你能在什么方面成为世界上最优秀的？

（3）是什么驱动你的经济引擎？

飞轮与你的热情是否匹配，尤其与企业的长期目标和核心理念是否匹配？飞轮是否建立在你能达到顶尖水平的能力优势之上？飞轮是否能驱动你的经济引擎？（在本书的附录中，我将提供诸如刺猬理论等各种理论的说明，并附上每个理念的定义。附录还展示了飞轮在组织从优秀到卓越的跨越中扮演什么样的角色。）

对于初创公司这类还没有找到自己飞轮构件的组织，可以通过借鉴其他组织现有的飞轮框架来快速构建自己的飞轮。吉姆·根茨（Jim Gentes）依靠设计轻量化风洞自行车头盔而创立了 Giro Sport Design 这一运动品牌公司，该设计相对于其他头盔来说更轻便也更符合空气动力学。佩戴 Giro 头盔，骑行者骑行时可以更快、更凉爽、更安全，同时还兼具时尚感和色彩感，而其他方方正正的头盔则会让骑行者看起来像 20 世纪 50 年代恐怖电影里来自外太空的怪物。将头盔首版模型带到长滩市自行车展之后，根茨带着 8 万美元的订单回到了他的小公寓，并开始在车库中批量制作头盔。[6]

对一个以车库为起点的创业公司而言，如何将单一的产品转化为一个可持续的飞轮呢？根茨通过研究耐克，获得了一个重要发现：运动装备的社会影响力是分阶层的。比如，你让环法自行车赛冠军戴上你这款头盔，那非专业的自行车手也会想要佩戴你这款头盔，从而带来持续的影响力，并由此产生品牌效应。根茨将公司大部分资源用来赞助美国精英自行车运动员格雷格·莱蒙德（Greg LeMond）佩戴 Giro

头盔，此举恰恰验证了这一发现。在1989年环法自行车赛激烈的决赛中，在巴黎赛段，莱蒙德在最初落后50秒的情况下，最终以8秒的优势赢得了为期23天的巡回赛。在香榭丽舍大街的最后冲刺阶段，他戴的正是Giro头盔。一瞬间，佩戴Giro头盔成为专业骑行领域一件非常酷的事。[7]

因此，创始人根茨将对耐克飞轮的发现与创造伟大产品的热情相融合，构建了自己的飞轮，并推动Giro不断发展，远远超越了最初的那个小作坊。他的飞轮是：创造伟大的产品→让明星运动员使用它们→激励业余爱好者模仿他们的偶像→吸引大众消费者→随着越来越多的运动者使用这个产品，就可以建立品牌影响力。然后，为了保持“酷”这个元素，公司需要将高定价产生的利润和渠道节省的费用用于生产明星运动员想要的下一代优秀产品。

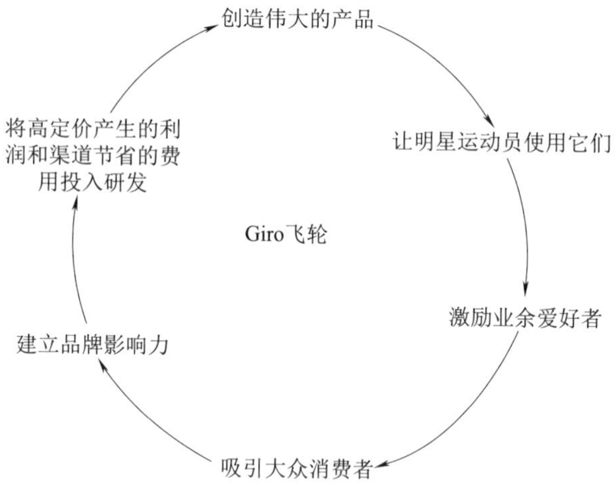

图 3–1　Giro 公司飞轮

一个飞轮不必独一无二，两个成功的组织也可以拥有相似的飞轮。关键是你对飞轮需要有充分的理解并在一系列迭代过程中坚定不移地执行飞轮的每一环节。

正如杰拉德·特列斯（Gerard Tellis）和彼得·戈尔德（Peter Golder）在《野心与愿景》（*Will and Vision*）中所

说，新领域的开拓创新者只有不到10%的人能成为最终的赢家。同理，纵观《基业长青》《从优秀到卓越》《再造卓越》《选择卓越》中的对比研究，我们发现实现高业绩表现与率先进入某领域并没有必然相关性。即使在计算机、软件、半导体和医疗设备等创新密集型行业也是如此。亚马逊和英特尔都是在受到行业先行者的启发后才进入各自领域的。在DRAM（动态随机存取存储器）发展的早期，艾迈斯半导体公司（Advanced Memory System）曾经打败过英特尔，并抢占了市场；图书网公司（Books.com）早期在线上图书销售方面也是领先亚马逊的。[8] 企业发展历程中，真正的大赢家都在不断跨越行业竞争所设的创新门槛。而真正让大赢家脱颖而出的，是他们在起步落后于行业先驱的情况下，还能将初期的成功转变为持续转动的卓越飞轮。[9]

4. 商业之外的应用

TURNING THE FLYWHEEL

A Monograph to Accompany Good to Great

也许你会想："我只负责大组织里的一个小单元，我也可以建立一个飞轮吗？"当然可以。下文以一个单元负责人为例，讲述了一名小学校长在她的学校中运用飞轮效应的案例。

当德伯·古斯塔夫森成为位于莱利堡基地的威尔小学校长时，该学校只有三分之一的学生达到规定的识字水平。正是因为如此不佳的表现，该小学成了堪萨斯州第一家被评为"不合格"的公立学校。作为该校校长，古斯塔夫森不仅要应对学生因为转学和调剂而造成的高流动率，还要面对高达35%的教师流动率。[10]学校的孩子们面临着战时军人家庭不安定的生活这样的特殊难题。孩子的父母为了工作离家并不稀奇，而父母因为任务需要去战区则十分特殊。古斯塔夫森告诉自己："这些孩子不能被耽误了，如果学校无法让他们在一、二年级达标，如果他们离校之后无法继续读书，那么我们就会亏欠他们的余生，所以我们不能失败。"

教育是一种人际关系而非一场交易，古斯塔夫森相信这种关系是建立在合作和相互尊重的基础上的。当父母上战场时，当许多家庭为国做出牺牲时，孩子们最不希望的就是校内还有派系之争。孩子们需要被关怀，需要感受到工作人员在齐心协力地帮助并支持他们。古斯塔夫森后来回忆她在阅读《从优秀到卓越（社会机构版）》时，很快就理解了飞轮效应的概念以及在学校中的运用方法："当我读到转动飞轮部分的时候，犹如醍醐灌顶，我喜欢这个观点——如果你能驱动每个人都去转动飞轮，齐心协力，那飞轮就可以自行转动了。"

古斯塔夫森虽然只是一名校长，但她并没有等待区域教育主管、堪萨斯州教育专员或美国教育部部长去确定整个 K-12 系统的飞轮，而是全神贯注于她负责的学校，创建威尔小学的飞轮。

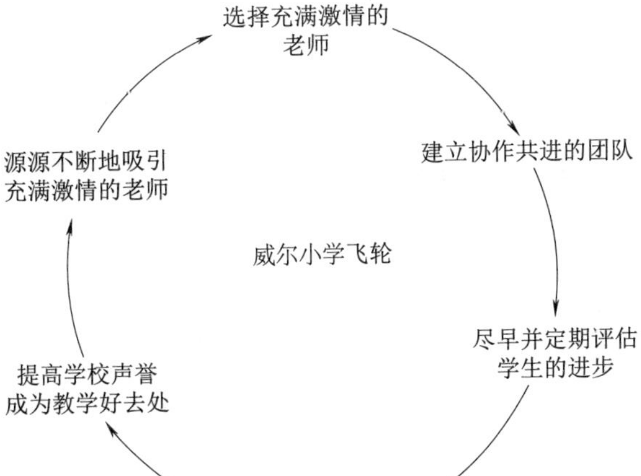

图 4–1　威尔小学飞轮

威尔小学飞轮的第一步：选择充满激情的教师。“我们很难在堪萨斯州郊区的军事基地附近找到经验丰富的老师，”古斯塔夫森说道，“所以，我致力于寻找哪怕不那么有经验但富有激情的老师。只要他们拥有正确的价值观和执着的热情，他们就能够被培养成优秀的老师。”

老师们的激情推动着飞轮的转动，但这些激情需要被加以规范和引导。如果只是把没有经验的老师直接推进教室，他们也不会达到我们想要的效果。

为了避免这种情况发生，古斯塔夫森设计了飞轮的第二步：建立协作共进的团队。每位老师都会加入一个团队，每个团队由一位经验丰富、能够代表“威尔文化”的老师带领。团队每周至少会召开一次协作共进会议，会议中老师们会一起分享观点，相互点评，讨论每个学生的进步并改善教学方法，这样的机制为教师团队带来了和谐与活力。

只有清楚地知道每位学生进步的原因以及如何帮助他们进步，才能帮助他们获得持续的提升。于是，威尔小学进入了卓越飞轮的第三步：尽早并定期评估学生的进步。在对威尔小学长期评估出的数据进行分享和讨论后，威尔小学的老师们更加坚定了自己的理念，“因为每位孩子都是重要的，为了他们我们必须成功，不能让任何一个孩子掉队”。面对那些成绩不太优秀的学生，老师们会为他们设置目标并建立有针对性的提升计划。为了确保飞轮持续加速转动，优化学生现有的提升计划，每个季度老师们都会与学校高层定期会面并展开讨论。

接下来是飞轮的第四步：让所有孩子学有所成。古斯塔夫森和老师们接管这所学校时，只有不到35%的学生具备良好的识字水平，经过一年的努力后，这一比例达到了55%，3年后达到了69%，5年后达到了96%。最终，在几年后，这一比例达到了99%。[11]

前期的努力直接带领威尔小学到达了飞轮的第五步：提高学校声誉。不仅是因为威尔小学的学生成绩优异，同时也因为这里有很棒的教学氛围。

这继而推动了飞轮转向第六步：源源不断地吸引充满激情的老师。最终，威尔小学获得了堪萨斯州立大学颁布的“教师专业发展学校”的荣誉，吸引了大量的教师和实习老师来到这里。古斯塔夫森说：“我们欢迎具有教学潜力、充满热情的老师加入我们，我们相信他们也会爱上威尔小学。这里的文化、人际关系和团队合作都是以学生为中心展开的，这种氛围也不断吸引合适的老师加入。”这样，教师队伍的良性流动因此形成，威尔小学的飞轮得以年复一年地持续转动。直到本书完成时，古斯塔夫森所创造的威尔小学飞轮已经运转了15年以上，每年吸引超过900名军人子女来到威尔小学就读。[12]

在庞大组织的基层职位上，像古斯塔夫森校长这样取得成功的领导者，不会被动等待上级组织发起变革，他们会主动思考并尝试在基层组织内运用飞轮效应。不管你从事何种行业，不管你的企业或大或小，是否以盈利为目的，不管你是首席执行官还是基层管理者，你需要关注的最重要的问题是：你的飞轮是如何转动的？

除了学校，你也会从社会活动的方方面面发现飞轮效应，如摇滚乐队明星、伟大的电影导演、成功的选举、获胜的战役、高回报的长期投资者、具有影响力的慈善家、最受尊敬的记者和最广为人知的作家。飞轮效应一开始可能难以被识别，但如果你持续观察这些组织或个人持续成功的内在逻辑，你都会发现飞轮效应在其中的作用。

在继续讨论如何进行飞轮的迭代与延展之前，我想先说明一下飞轮效应可应用的领域是非常广泛的，下文就以奥哈伊音乐节（the Ojai Music Festival）为例做出相应的解释说明。奥哈伊音乐节是一个极具创造力的非营利性活动，由全世界最好的音乐家、作曲家共同参与，每年都会为观众带来一场奇妙的音乐盛会。

吸引与众不同的音乐天才是奥哈伊音乐节启动其飞轮的第一步。每年，音乐节组织者都会选择不同的音乐家来担任首席策划。从早期的伊戈尔·斯特拉文斯基（Igor Stravinsky）和皮埃尔·布列兹（Pierre Boulez）等作曲家到当代小提琴家帕特里夏·科帕奇斯卡娅（Patricia Kopatchinskaja）和钢琴家维杰·艾尔（Vijay Iyer），每位音乐家都会带来他们独特的天赋，同时不断迸发出新的创意。[13] 音乐节只是提供了一张空白的画布，等着音乐家们绘出杰作。与在画布上绘画不同的是，这些音乐家们需要打造一种能使表演者和观众都沉浸其中的音乐体验。参与音乐节近20年的艺术总监汤姆·莫里斯（Tom Morris）介绍道："我们之所以能够一直吸引与众不同的音乐大师来到奥哈伊音乐节，主要基于两个原因。首先，音乐家们可以在这里相互切磋、获取灵感；

其次，音乐节本身也有助于激发他们的创造力。这就像一个巨型水晶球，你摇一摇，然后发现不可思议的事情发生了。”[14]

奥哈伊音乐节的飞轮接下来的发展则依托于严格的流程。奥哈伊音乐节为期仅四天，由于时间有限，无论是成熟的创意还是不成形的零碎想法都需要遵循严格的流程。大多数想法，甚至许多很不错的创意最终都必须为了音乐节的整体效果而被调整。这样，我们就可以发现奥哈伊音乐节飞轮是如何从天马行空的创意转动到赢得社区支持的。音乐节艺术总监莫里斯说道：“我们不想只是获得观众的口头称赞，我们更希望能够激发现场观众热情的回应。”

那么奥哈伊音乐节是如何吸引观众的呢？莫里斯讲述了一位从未参加过音乐节的小镇居民被奥哈伊音乐节吸引的故事。某一天，这位居民碰巧走进了一场由约翰·路德·亚当斯（John Luther Adams）创作的名为《因纽特人》的作品的演出现场，这是一首适合 9 ~ 99 位打击乐手合奏的作品。

这里所说的“走进”并不是说这位居民只是站在离表演舞台很远的地方，而是指他真正地站在了演奏者中间。演奏者分散在整个公园中，有的在小树林中、有的在小径上，四面八方传来的音乐环绕观众。音乐家们演奏着手鼓、铜钹、三角琴、钟琴、汽笛、短笛和各式各样的鼓。音乐逐渐从平缓推向高潮，然后又在喧闹中慢慢安静下来，直到完全为公园里鸟儿的啁啾声所取代。表演者们时不时地在公园中走动，有时甚至会爬上树顶。观众们在公园四处闲逛的时候，音乐声也会一直围绕着他们。[15] 奥哈伊音乐节的飞轮就这样发挥了作用，这位一开始并不喜欢音乐节的居民被这段音乐体验迷住了，成了音乐节的参与者和支持者。[16]

莫里斯和他的团队明白，忠实的听众希望能真正参与到音乐表演中，被激发、被挑战、被征服。他们不满足于进入音乐厅“现场激动，听后即忘”的经历，他们希望真正感受音乐的力量。在身临其境的互动体验中，他们的精神得到振

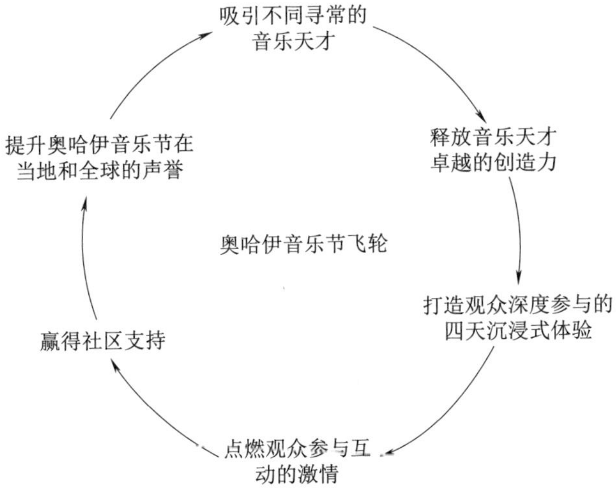

图 4-2　奥哈伊音乐节飞轮

奋，情感受到震撼，继而留下深刻的记忆。当每一次的奥哈伊音乐节都满足了这样的期待时，其飞轮持续转动，能量不断涌入。因此奥哈伊音乐节逐渐声名鹊起，进而吸引了一波又一波音乐大师，创作了一个又一个杰作，使奥哈伊音乐节持续焕发生机。

5. 飞轮的迭代

TURNING THE FLYWHEEL

A Monograph to Accompany

Good to Great

当你的飞轮形成后，接下来要思考的就是如何加速飞轮的转动。由于飞轮的转动需要各个环节依照正确的顺序进行，并且每个构件都要互相支撑，因此飞轮中的每一个构件都需要保持稳健并积蓄势能，以支撑整个飞轮的持续转动。现在假设飞轮中有 6 个构件，并对每一构件的表现进行 1 ~ 10 分的评价。你的飞轮各部分运行效果的得分分别是 9、10、8、3、9 和 10 分，那么结果会如何呢？整个飞轮就会因得了 3 分的那个构件而放缓转动，那么整个飞轮的转动效果就是 3 分。若想让飞轮加速转动，你必须将这一构件从 3 分提升到 8 分。

一个被合理设计并顺利转动的飞轮，一定是具备持续性并且能够不断被更新的。一方面，飞轮需要通过长期的坚持来发挥其整体效果。另一方面，为了保持飞轮的持续转动，还需要不断对飞轮中的每个构件进行迭代与完善。

我和杰里·波勒斯在《基业长青》一书中曾提到过，那些实现基业长青的公司通常反对“非此即彼”这种只能接受A或B两者之一的单一选择，相反，他们用“兼容并蓄”解决问题。不是在A或B之间进行选择，而是找到一种A和B兼而有之的方法。这种视角也完全可以应用在飞轮效应中，既要长期坚持又要不断优化。

世界上最受尊敬的医疗机构之一，克利夫兰诊所（Cleveland Clinic）就是用这种兼容并蓄的方式来驱动自己的飞轮转动的。其飞轮最初的建立起源于诊所成立之时，当时3名创始人均在第一次世界大战的部队中服役，他们深受军队中的合作方式影响。当士兵在战场上时，他们不会询问“我的津贴是多少”或者“执行这项任务能得到奖金吗”，所有人都怀着同样的信念与战友并肩作战，极尽所能地拯救更多生命，让战友们都能回到他们所爱的人身边。

这段刻骨铭心的经历让3位医生发誓，在战后他们要建立一个特别的、具有高度协作文化的医疗中心。在这里，医生全部的精力只用来关心一件事，那就是如何更好地照顾病人。早在医疗中心建立之初，克利夫兰诊所就专注于招募一流的医生并给他们固定的薪酬，而没有和病人或手术数量挂钩的奖金，诊所用这样的方式来确保医生不会过分关注患者数量。在这里，医生们更加关心如何与世界一流的同事们一起为患者提供更好的医疗服务。克利夫兰诊所的飞轮始于让优秀的医生们在以患者为中心的文化氛围中工作，因此诊所能不断吸引慕名而来的患者，并带来源源不断的资源，这些资源会被投入到医疗建设中，最终又会吸引更多优秀的医生加入。[17]

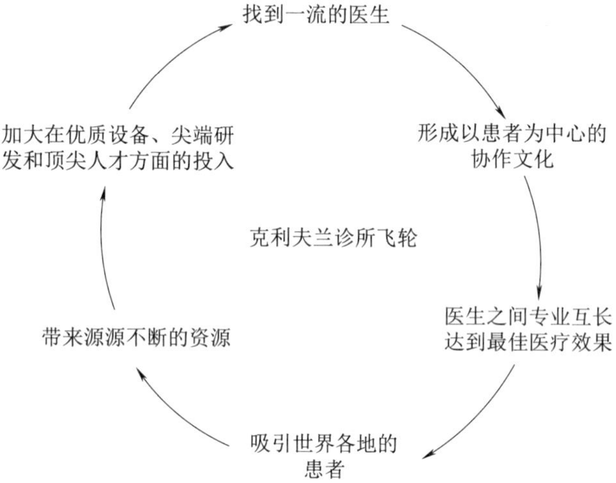

图 5-1　克利夫兰诊所飞轮

托比·科斯格罗夫博士（Dr. Toby Cosgrove）于 2004 年担任克利夫兰诊所的首席执行官，他深谙飞轮转动的本质和逻辑。年轻时他曾作为军医参加过越南战争，并管理过一家当地的医院。和几位创始人一样，他在越南战争中学会了如何在生死攸关的战乱中进行团队合作，如何尽可能地动员所有力量来应对随时会发生的伤亡情况。1975 年，他作为心脏外科医生加入克利夫兰诊所，在他的努力下，诊所的心脏外科登上了《美国新闻与世界报道》排行榜第一名。即使已经取得了上述成功，科斯格罗夫也意识到克利夫兰诊所仍需要坚持以患者为中心的原则，因此科斯格罗夫博士向自己和同事提出了更高的要求，他们要对现有的医疗模式进行提升以便为患者提供更好的服务。当他们意识到跨专业合作比专业科室独立工作更有利于患者的治疗后，他们进行了组织架构的调整，改为根据病人需求建立研究机构。就像米勒家庭心脏血管研究所（Miller Family Heart & Vascular Institute）一样，诊所围绕患者的需求，要求来自心脏科、血管科等不同的医生共同为病人服务，形成跨科室合作。

在科斯格罗夫博士的《向世界最好的医院学经营》（*The*

Cleveland Clinic Way）一书中，他详述了随着规模、战略、结构上的变化，克利夫兰诊所的飞轮也做出了相应的调整。从2004年到2016年，飞轮效应为克利夫兰诊所带来了快速的发展，诊所收入、病人数量和研究资金全部翻倍增长。与此同时，克利夫兰诊所将分支诊所从俄亥俄州开到了佛罗里达州，甚至还开到了阿布扎比。诊所的医生们优化了飞轮系统中的每一个构件，但从未拆解过飞轮。科斯格罗夫认为，“本质上，飞轮还是原来的飞轮，我们只是让它重新焕发了活力”。[18]

> 如果飞轮减速或不再转动，那么可能的原因有两个：一是虽然飞轮拥有良好的基础，但人们并未能将飞轮的方向和理念执行下去，或者没有对飞轮各个构件及时进行升级，使飞轮最终失去了活力；二是早期的飞轮逻辑已不再符合现实情况，这时必须对飞轮存在的问

题进行准确的诊断，必要的话需要对飞轮进行彻底的改变。

经历很长时间之后，通常是几十年，飞轮可能会发生显著的变化。你可以更换飞轮的构件，修改或删除部分构件，缩小或扩大某些构件的范围，也可以调整构件之间的顺序。比如在开发一项新业务时，组织面临严峻挫折时，飞轮效应受到质疑时，原来的飞轮都会发生显著的变化。举个例子，一家个人信息公司的飞轮可能面临数据泄露的威胁。高管团队意识到需要增加一个专门防止数据泄露的构件，用来保护用户隐私，赢得用户信任。虽然飞轮中的其他构件完好无损，但如果没有这个重要的新构件，公司也会濒临崩溃。

话虽如此，如果你认为必须不断地对飞轮的顺序和构件做出重大变革，很可能你一开始就误解了飞轮效应。一个卓越的飞轮如果停止运作，并不是因为飞轮本身丧失了潜力或彻底失效了，其原因往往是执行不当，或者是因为没有在良好的飞轮架构基础上进行迭代与延展。接下来我们就要对延展飞轮展开论述。

6. 飞轮的延展

TURNING THE FLYWHEEL

A Monograph to Accompany

Good to Great

卓越的企业是如何延展飞轮的？答案就在我和我的同事莫滕·汉森所著的《选择卓越》中。莫滕和我系统地研究了那些在动荡的行业环境中，从小规模的初创公司成功成长为“10倍速公司”（即市场回报率超过所在行业指数10倍）的企业。将它们与那些在相同环境下却发展得没那么好的公司进行对比，我们发现两种公司都掷下巨大的赌注但结果却截然不同。对照组公司往往在未进行实证验证之前就投入巨额的赌注，10倍速公司则在谨慎地验证其赌注有高回报之后才会加大赌注。我们将这样的做法称为“先发射子弹，后发射炮弹”。[19]

想象一下，你正在海上，一艘敌船向你冲撞过来。你只有数量有限的火药，你把所有火药放在一起，发射出一颗巨大的炮弹。炮弹越过海面但没有击中目标。你寻找储备火药，但发现火药已经被全部用光了。结果，你死掉了。但是，假设在敌船向你冲来时，你只是用了一丁点儿火药，发射了一枚子弹。这枚子弹偏离了40度，未击中目标。你又上膛了一颗子弹，并再次发射。这次偏离了30度。你上膛第三颗子弹并发射，这次仅偏离了10度。下一颗子弹——砰——打到了敌船的船身。经过了实证验证，你有了一条校准过的瞄准线。现在，你将剩余的火药全部放在一起，然后沿着校准过的瞄准线，向敌船发射这枚炮弹并致敌船沉没。

回顾我们研究过的卓越公司的发展历程，我们发现了一个常见的模式。这些卓越公司经常会在某个特定的商业领域崭露头角。紧接着他们就会从运营一项业务转向转动一个飞轮。一段时间后，他们会不断地发射子弹进而投射炮弹来延展飞轮。这些企业首先会在他们成功的领域里转动飞轮，同时为了应对不确定性，他们还会通过发射子弹去探索新的可能。

一些子弹偏离了目标，但另一些子弹提供了充裕的实证验证，于是公司可以据此投射炮弹，为转动飞轮提供新的动力。在某些情况下，这些业务的拓展会给一家公司的飞轮增速；而在另外一些情况下，这些新拓展的业务会完全取代之前的业务，例如英特尔公司从存储芯片业务转向微处理器业务。

苹果公司的飞轮延展到它最大的智能手持设备业务正是遵循这样的逻辑。2002 年，苹果公司所有的飞轮动力几乎都来源于麦金塔个人电脑（也称苹果机）。但是，苹果公司发射了一枚子弹，打造了一款名为 iPod 的小物件，并在其2001 年的年报中将 iPod 描述为苹果个人电脑战略中“一款重要的、自然延展的产品”。到 2002 年时，iPod 的销售额还不足公司总销售额的 3%。苹果公司接着在 iPod 上发射子弹，开发了线上音乐商店（iTunes）。它继续进行实证验证，iPod 继续为飞轮转动增加势能，最终苹果公司投射了一枚重磅炸弹，为 iPod 和 iTunes 投下巨额赌注。接着，苹果公司继续延展它的飞轮，从 iPod 到 iPhone，从 iPhone 到 iPad，苹果公司的业务延展为其飞轮转动提供了最大的运转动力。[20]

在下面的表格中，我列举出了企业历史上成功的飞轮延展的案例。在每个案例中，每家公司都遵循着“先发射子弹，后发射炮弹”的路径去延展并加速一个已经转动多年的飞轮。

表 6–1　成功的飞轮延展

公司名称	飞轮首个成功领域	飞轮的下一个巨大升级
3M	研磨料（例如：砂纸）	黏合剂（例如：透明胶带）
亚马逊	互联网驱动的消费品零售	企业云服务
安进	低血球治疗	炎症和癌症治疗
苹果	个人计算机	智能手持设备（iPod、iPhone、iPad）
波音	军用飞机	商用喷气客机
IBM	会计制表机	计算机
英特尔	存储芯片	微处理器
强生	医疗产品	个人卫生护理产品
克罗格	小型杂货铺	大型超市
万豪酒店	餐厅	酒店
默克制药	化学品	药品
微软	计算机语言	操作系统和应用程序
诺思通公司	鞋店	百货商店
纽柯公司	钢龙骨	成品钢
前进保险	非标准（高风险）机动车保险	标准机动车保险
西南航空	廉价州际航线（仅限得克萨斯州）	廉价州际航线（从东海岸到西海岸）
史赛克公司	病床	手术用品
迪士尼	动画电影	主题乐园

那么新尝试如何才能成为“第二个飞轮”而不仅仅是作为已有飞轮的延展呢？事实上，大多数所谓的“第二个飞轮”也是在通过“先发射子弹，后发射炮弹”去延展早期飞轮的过程中逐步发展起来的。亚马逊云服务正是这一模式的代表，它让大大小小的企业高效地购买计算服务、储存数据、运营网站，并便捷地使用其他技术服务。最开始，亚马逊云服务只是一个为亚马逊电商平台提供后台技术支持的内部系统。到了2006年，亚马逊发射了一枚子弹，尝试将该服务作为一项业务对外开放，为外部公司提供云服务。这枚子弹正中靶心，于是亚马逊可以根据充分校准过的瞄准线去发射炮弹了。10年后，虽然亚马逊云服务的销售额仍不到亚马逊净销售额的10%，但它为亚马逊的营业收入贡献了相当重要的份额。[21]

虽然亚马逊云服务一开始看起来和面向消费者的零售业务截然不同，但事实上它们有很多共同点。贝佐斯在2015

年致股东的信中写道，“表面上看，两者几乎完全不同。一个是服务消费者，另一个则是服务企业……但本质上，两者没有什么区别”。亚马逊云服务旨在通过降低价格进一步扩大客户群体，以此来提升单位固定成本产生的收益，从而使飞轮再次飞速转动起来。亚马逊云服务就是希望企业客户能够像零售消费者在亚马逊网站上购买个人物品一样快捷、经济地满足其技术需求。两者在运作方式上显然有所不同，但它们更像是异卵双胞胎而不是完全不同的两种血统。

> 每家大型企业最后都会有许多子飞轮在主飞轮周围转动，它们都各有不同。但为了达到最快的转速，它们都要被底层的逻辑关联在一起。只有这样，每一个子飞轮才能无误地匹配并支持整体飞轮的转动。

最主要的任务是要保证整体飞轮（包括其中的每一部分

和每一个子飞轮）持续转动，使其在频繁的刺激进步和保存核心的坚持下快速转动。即便亚马逊云服务前期的发展和盈利情况喜人，贝佐斯依然执着于让亚马逊的零售业务保持最初的活力。毕竟，就算亚马逊每年营业收入高达 2 000 亿美元，它也只占全球零售市场不到 1% 的份额，仍然有巨大的市场潜力等待挖掘。[22]

7. 衰落的教训

TURNING THE FLYWHEEL

A Monograph to Accompany

Good to Great

在研究陨落的卓越企业时，我们发现它们都抛弃了那些最初让他们成为卓越企业的关键原则。他们将权力赋予了不合适的领导者，他们偏离了先人后事的理念，并不再力求让合适的人在车上。他们无法直面残酷的现实。他们早就偏离了刺猬理念的三个环节，并在他们无法成为世界最优的领域盲目进行活动。他们用官僚主义替代了严明的纪律。他们破坏了核心价值观并丢失了远大的目标。那些陨落的商业巨头最突出的问题就是没能坚持飞轮原则，正因为如此他们对自己的衰落并不自知。

在《再造卓越》一书中，我们发现企业衰落会经历五个阶段:(1)狂妄自大,(2)盲目扩张,(3)漠视危机,(4)寻找救命稻草,(5)被人遗忘或濒临灭亡。尤其要注意第四阶段——寻找救命稻草。当企业已经沦落到第四阶段时,它们就陷入了与飞轮运转相反的厄运之轮。它们会极力寻求富有魅力的救世主,尝试未经检验的战略,发射未经校准的炮弹,盲目进行文化变革,实施看似扭转局势的收购,投入变革性的技术创新,实行激进的机构重组等一个又一个诸如此类的行为。

在第四阶段,每抓住一根救命稻草就会产生一线希望和短暂的机会,但如果没有底层的飞轮支撑,这样的增长势头是不会长久的。同时,随着每一次补救,这些企业会不断地消耗他们的资本,包括金融资本、文化资本、利益相关者资本,并会持续地衰弱下去。如果这些企业不再坚守其飞轮原则,那么它们很可能就会沦落到第五阶段。而没有企业能够在第五阶段起死回生，结果只会是游戏结束。

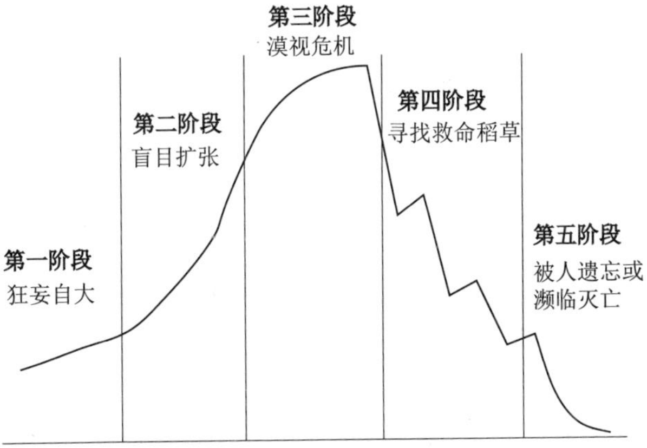

图 7-1　企业衰落的五个阶段

美国电器城公司（Circuit City）先后出现在了《从优秀到卓越》和《再造卓越》中，它的衰落教给我们关于飞轮效应的重要一课。在电器城公司从优秀到卓越的那些年中，它在第 5 级经理人艾伦·沃泽尔（Alan Wurtzel）的领导下从默默无名一跃成为超级明星。在此期间，电器城公司将大杂烩式的仓储式商店转变为运营精细的电器超市，从而在15年间获得超过市场平均收益18倍的收益率。但在沃泽尔领导时代过去后，电器城公司开始衰落。和其他开始衰落的公司表现的一样，它最初以察觉不到的缓慢速度没落，接着骤然跌落至第四阶段，紧跟着直接进入第五阶段——公司破产。

为什么会变成这样？主要原因在于沃泽尔之后的领导团队在飞轮原则方面犯下的两个重大错误。

第一，他们因寻找创新业务分散了精力。电器城公司寻求新的增长思路，期望有一天公司的电器超市能够开遍全国。寻求新业务这个想法本身是没有问题的，就像亚马逊以持续不断的创新驱动飞轮转动。但是，与贝佐斯领导下的亚马逊不同的是，电器城公司并没有坚定地保持其消费电器零售业务的中心地位。更糟糕的是，当时一家名叫百思买（Best Buy）的新兴竞争对手已经抢占了市场。[23]

第二，也是电器城公司衰落的最重要的教训，沃泽尔之后的管理团队低估了飞轮效应，它不是单一的业务，而是一个可延展的结构，其发展潜力巨大。电器城公司的悲剧在于它开展了一项名为 CarMax 的拓展业务，虽然这项业务本可以为电器城公司创造未来几十年的增长势头。事实上，CarMax 的二手车服务理念与之前沃泽尔团队对电器商店的做法一样，都是将之前杂乱无章的业务专业化并将其转变为现有品牌下精细运营的超市。[24]

电器城公司先发射了一枚子弹，即在弗吉尼亚州的里士满开了第一家 CarMax 店铺，结果是成功的。于是，它发射了第二枚子弹，在北卡罗来纳州的罗利开了第二家 CarMax 店铺，这家店铺也同样获得了成功。接着，电器城公司又在佐治亚州的亚特兰大市发射了两枚子弹。凭借着之前的实证验证，电器城公司最终发射了一枚炮弹——把 CarMax 拓展到包括佛罗里达州、得克萨斯州、加利福尼亚州以及其他更远的地区。在 21 世纪前几年，CarMax 平均每年以 25% 的速度增长，其在 2002 年的销售利润就超过了 30 亿美元。[25]

现在，我们停下来想一想，CarMax 的成功究竟是如何为电器城公司的陨落埋下伏笔的？一开始，电器城公司凭借着 CarMax，极大地延展了它的飞轮，这本可以为电器城公司带来持续多年的增长势头。假如电器城公司将 CarMax 业务作为其原有飞轮的延展，它就会像其他卓越企业的飞轮延展一样获得相似的成功。就像苹果公司的飞轮从个人计算机延展到智能手持设备，波音的飞轮从军用轰炸机延展到商用喷气式客机，万豪的飞轮从餐厅延展到酒店，以及迪士尼公司的飞轮从动画电影延展到主题乐园。即使电器城公司的消费电器超市业务真的不能继续维持，电器城公司还可以将它的所有精力转移到 CarMax 业务上，就像英特尔公司从存储芯片转移到微处理器业务上一样。但如果要实现英特尔公司这样的成功转型，就需要电器城公司有超强的智慧，将

CarMax 业务看作电器城公司原有飞轮的延展。

然而遗憾的是，沃泽尔之后的领导团队将 CarMax 业务从电器城公司的飞轮中剥离，将其拆分为独立公司并卖掉。这一举动就好比英特尔公司在 1985 年将微处理器业务作为独立公司拆分出去，英特尔公司则继续以存储芯片业务为主营，拆分出来的微处理器业务可能会取得成功，但英特尔公司可能会因此走向衰落。不过幸运的是，英特尔公司拥有格鲁夫和摩尔这两位极具战略敏锐性的领导者，他们将微处理器业务视为英特尔公司巨大飞轮的延展，而不是将其独立出去。但电器城公司未能成功使用飞轮延展的概念，而是在开拓新业务时，撇开了原有飞轮。

正如沃泽尔后来在自己的书《从优秀到卓越再到陨落》（*Good to Great to Gone*）中所写的那样，“从长期来看，电器城公司一个很大的败笔就是没有将 CarMax 业务作为电器城公司业务组合的一部分。创建 CarMax 业务的初衷是为了培育新的零售业务，新业务发展成熟后，能带动、支持、整合公司的发展”。[26] 沃泽尔将 CarMax 业务作为电器城公司飞轮的一部分，但他之后的继任者却没有这样做。如果电器城公司能够保持在消费电器超市领域发力（正如百思买那样）并继续将其飞轮延展至如 CarMax 业务的新领域，它可能仍然是一家可以在标准普尔 500 指数中稳定增长的卓越公司。然而事实上，电器城公司失去了飞轮效应的动力源泉，最终进入了衰退的后期阶段，落入无法遏制的持续性衰落。厄运之轮使公司所有的自我拯救都无法发挥作用，曾经辉煌一时的电器城公司在 2008 年冬天最终宣告破产。[27]

8. 历史的定律

TURNING THE FLYWHEEL

A Monograph to Accompany

Good to Great

在过去的25年里，我们研究过的企业的发展历史累加起来超过了6 000年。据此，我们得出了一条清晰的定律：市场中的大赢家都是将飞轮从十圈推到上亿圈，而不是那些启动飞轮后只推动了十圈，然后就开始寻找新飞轮的公司。当你推动飞轮转到十圈时，应继续推到一百圈，然后继续推进，奔向一千、一万、百万甚至千万圈，永远不要停下，除非你慎重地考虑并真正决定放弃这个飞轮。不论是坚决地退出还是孜孜不倦地优化，永远都不要忽视你的飞轮。每一圈你都需要创新和固守，就像第一次推动飞轮时那样充满热情，永不停歇，永葆动力。如果你坚持如此，你的组织将远离《再造卓越》中描述的衰退，甚至可以成为极少数能实现从优秀到卓越的飞跃的公司，并基业长青。

附录

飞轮效应这一概念最早在我的著作《从优秀到卓越》第八章中有所涉及和讨论，并在之后的几年中变得愈发清晰。

我们在各种组织的运作中见证了合理运用飞轮效应的强大力量，这些组织包括公立和私营公司、大型跨国公司和小型家族企业、军事组织和专业运动团队、学校和医疗中心、投资公司和慈善组织，以及社会运动组织和非营利组织。将这些组织成功运用飞轮效应的洞见分享出来，正是我写这本书的初衷。

然而，仅仅依赖飞轮效应并不能使组织走向卓越。我们用了 25 年的时间研究出卓越企业运作的定律，飞轮效应则恰好适合这样的框架。我们使用对照案例研究法对这些成功要素进行检验，比较在相同情况下，哪些公司取得成功而哪些走向衰落。我们系统地分析了这些对照案例，并解答了我们最初的问题：是什么导致了这样的差异？

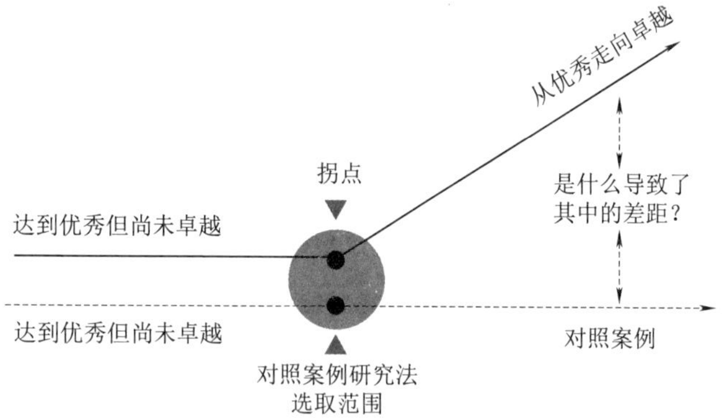

附图 1–1 《从优秀到卓越》的对照案例研究法

我和团队成员曾就四个主题应用对照案例研究法，从不同的角度来研究公司的成功与衰落，并分别用四本书来阐释，它们分别是《基业长青》《从优秀到卓越》《再造卓越》《选择卓越》，同时在《从优秀到卓越（社会机构版）》中我们还将这些理论从商业领域扩展到更广泛的领域中。

纵观我们的研究，真正区分卓越企业与平庸企业的关键在于其是否能保存核心。保存核心需要企业在面对压力时依然坚持价值观、行为准则和长期愿景。这种保存核心首先要做到严格的自律，这种自律要求企业直面残酷现实，决不失去信念，倾尽全力，达成卓越成果。当公司拥有严格自律的人时，就不需要等级约束；当公司有严格自律的思想时，就不需要官僚体制约束；当组织有严格自律的一致行动时，就不需要强权控制。当把严格自律的文化与创新的企业家精神结合起来时，组织就会创造出实现卓越的强大力量。

无论是在商业领域还是在社会领域，如果想要建立持续卓越的组织，你需要拥有严格自律的人、严格自律的思想，并保持严格自律的一致行动，这样你就会收获超乎寻常的成果，甚至对整个世界产生深远影响。然后，你需要通过保存核心来为组织长期的发展提供动力和奠定基础。保存核心正是我们整个理论框架的支柱，这一理论体系分为以下四个阶段。

第一阶段　选择严格自律的人

第二阶段　坚持严格自律的思想

第三阶段　付诸严格自律的一致行动

第四阶段　实现组织基业长青

每个阶段都包含了 2 ~ 3 项基本原则。飞轮效应处在理论框架的中心点，也正是从严格自律的思想到严格自律的行动的拐点。下文对这些原则进行了简要阐述。

第一阶段 选择严格自律的人

第 5 级经理人

所有的第 5 级经理人都表现出谦逊的个性与执着的事业雄心，他们兼具这两点并完美结合了这两点。他们有很强的雄心抱负，但他们的雄心抱负首先是为了公司事业、组织利益和共同愿景，而不是为了他们自己。虽然第 5 级经理人会表现出多种性格，但他们往往谦逊、安静、内向，甚至有些害羞。在我们的研究中，每一个实现从优秀到卓越的公司都是在第 5 级经理人的领导下完成的，他们不信奉领导魅力，而是用坚定的意志和行动来激励员工。这一理念最初在《从优秀到卓越》中提出，并在之后《从优秀到卓越（社会机构版）》中进一步完善。

先人后事——让合适的人留在车上

那些带领组织实现从优秀到卓越跨越的第5级经理人首先做的就是选择合适的人留在车上，同时让不合适的人下车，然后再决定车将驶向何方。他们总是先考虑“选择谁”，再考虑“做什么”。当企业面临高度不确定的外部环境时，你无法预测即将发生的事情，因此最好的“战略”就是构建一个拥有快速适应力并表现出色的团队，这样你将无惧未来。说到底，没有优秀人才支撑的伟大愿景只是空中楼阁。这一理念最初在《从优秀到卓越》中提出，同样在之后的《从优秀到卓越（社会机构版）》中进一步完善。

第二阶段　坚持严格自律的思想

兼具融合的智慧

卓越的领导者不相信非黑即白的“二元对立”，而是能将常人认为的“二元对立”做到兼具融合。比如，他们能兼具创新与固守，能兼具自由和责任，既能直面残酷现实又能不丢失信念，既能保持谨慎又能果断行动，既能控制风险又敢大胆投入，既能坚持使命又能追求利润，他们能兼顾坚持与变化，同时确保短期和长期的业绩表现。这一理念在《基业长青》中首次提出，并在《从优秀到卓越》中进一步完善。

直面残酷的现实——斯托克代尔悖论

当你抱有严格自律的思想直面残酷的现实时，你就能产生卓有成效的改变。从优秀到卓越的思想框架完美地体现了斯托克代尔悖论——不论遇到什么困难，你在坚持必胜信念的同时，必须严格自律地面对现实中最残忍的事实。这一概念在《从优秀到卓越》一书中已做过充分的研究。

刺猬理念

刺猬理念是一个简单、清晰的概念，它源自对以下三个问题的深刻理解。

（1）你对什么充满激情？

（2）你能在什么方面成为世界上最优秀的？

（3）是什么驱动着你的经济引擎？

当一个领导团队在决策时，他们需要毫不动摇地寻找同时满足这三个问题的答案，确定公司战略方向，这样他们才会具备持续的发展动力，实现从优秀到卓越的跨越。这一决策不仅包括应该做什么，还包括不应该做什么和立即停止做什么。这一理念最初在《从优秀到卓越》中提出，同样在之后的《从优秀到卓越（社会机构版）》中进一步完善。

第三阶段　付诸严格自律的行动

飞轮效应

无论最后的结果多么富有戏剧性，成就一家卓越企业绝不会一蹴而就。这中间没有单一起决定作用的创举，没有重大的方案，没有一劳永逸的创新，没有纯粹幸运的突变，也没有奇迹的瞬间。相反，这个过程就像不断地推着一个庞大又沉重的飞轮，一圈又一圈，积累势能，直到达到突破点。要使飞轮效应最大化，你需要了解你的飞轮是如何转动的。飞轮效应在《从优秀到卓越》中首次被提出，本书全面地研究了其应用。

日行20英里[①]征程

在动荡的世界中茁壮成长的公司，会给自己强加严格

① 1英里≈1.609千米。——编者注

的业绩目标，以达到持之以恒的目标。这就像一支南极探险队，不管环境条件如何，他们每天坚持前行至少 20 英里，最终实现登顶。日行 20 英里征程是在无序中形成秩序，是在纷乱的不一致中形成一致。对大多数组织来说，能够在短期内或一年内做到日行 20 英里是容易的。而真正意义上日行 20 英里的征程是不受时间周期长短影响的，也就是说，在短期目标的追求中，需要做到日行 20 英里，在长期目标的追求中，更需要坚持日行 20 英里，这种坚持可能是数年，甚至是数十年。因此，这种恒定的坚持能够让组织实现突破性业绩，让组织保持持续的发展动力。这一概念在《选择卓越》一书中已被充分论证。

先发射子弹，后发射炮弹

先检验后量产的创新能力可以为组织带来巨大的发展动力，它能将小的、经过验证的想法（“子弹”）转化为巨大的成功（“炮弹”）。首先，你发射低成本、低风险、低干扰的“子弹”，来找出起作用的因素，通过发射“子弹”来校准你的视线。然后，一旦你有了实证检验，你就可以在校准后的视线上发射“炮弹”，将资源集中在一个大赌注上。校准过的“炮弹”可以创造令人瞩目的成果，而未经校准的“炮弹”则会导致灾难。“先发射子弹，后发射炮弹”是一个重要的机制，它将组织的刺猬理念（三环理论）和飞轮效应应用扩展到了全新领域。这一概念在《选择卓越》一书中得到了充分的论证。

第四阶段　实现组织基业长青

具建设性的焦虑

你只能从挺过来的挫折中吸取教训。能够驾驭动荡并规避衰退的领导者认为，形势会出人意料地发生剧烈的变化。

所以他们会不断地问:“要是坏的情况发生了会怎样？如果有意想不到的状况呢？万一……会怎样?”

通过提前准备、储备人才、保持安全边际、规避风险以及在顺境和逆境中强化其原则，优秀的领导者能刚柔相济地处理各种难题。具建设性的焦虑有助于防止组织陷入衰退的五个阶段，而这种衰退会让飞轮脱轨，甚至毁掉组织。这五个衰退阶段分别是：狂妄自大、盲目扩张、漠视危机、寻找救命稻草、被人遗忘或濒临灭亡。具建设性的焦虑在《选择卓越》一书中已被充分探讨,《再造卓越》一书中也充分探讨了五个衰落阶段。

造钟，而非报时

“1个天才加1 000个助手”，这种只依靠个人魅力进行领导的做法就好比是“报时”，而塑造一种不依赖于任何个人领导就能让组织持续蓬勃发展的管理方式则是“造钟”。

依赖单一的伟大构想就是“报时”，而建立一个可以产生许多伟大想法的组织就是“造钟”。建立经久不衰的伟大企业的领导者往往是造钟者，而不是报时员。对于真正的造钟者来说，成功不仅来自一个领导任期，还来自后继的领导者持续增加的飞轮动力。这一概念在《基业长青》中已被充分探讨。

保存核心，刺激进步

持久的伟大组织往往能够兼容并蓄。一方面，他们有一套永恒的核心价值观和体现其存在理由的核心使命；另一方面，他们不断地进行变革、改进、创新和革新，以实现持续的进步。伟大的组织清晰地知道其核心价值和使命是几乎不变的，而运营策略和文化实践则会随着环境的变化而不断调整。进步的动力常常体现在胆大包天的目标中，这些目标能刺激组织不断发展全新能力。当领导者想象飞轮能走多远并付诸实践时，很多优秀的胆大包天的目标就在飞轮效应的自然延展中应运而生。这一概念首先出现在《基业长青》一书中，并在《从优秀到卓越》一书中得到进一步探讨。

10倍速公司

运气的回报

此外，还有一个原则可以将以上所有原则的效果放大，即运气回报原则。我们的研究表明，卓越的公司并不比对照公司更幸运，他们没有获得更多好运、更少的坏运气、更大的幸运或更好的时机。然而，一旦遇到好运时，卓越公司会比对照公司更善于抓住时机，充分利用机会，增大在运气上的回报。关键问题不是“你会有好运吗”，而是“你会怎么充分利用遇到的运气”。如果你能在某次好运时得到高回报，就可以给飞轮增加动力。相反，如果你没有为坏运气做好准备，你的飞轮就会停滞或受损。这一概念在《选择卓越》中已被充分论述。

卓越的成果

上述原则是建立一个伟大组织的方法。你可以把它们想象成一张用来建立一家卓越的公司或社会组织的“路径图”。那么一个卓越组织到底是什么样子的？我们确定了卓越企业的三个关键衡量标准：一流的业绩、超凡的影响力、长久的发展。

一流的业绩

在商业机构中，业绩是由投资回报和公司目标的达成来定义的。在社会机构中，业绩是由其工作的成果和效率所决定的。但无论是商业机构还是社会机构，你都必须取得一流的成果。打个比方，如果你们是一个运动队，你们必须赢得冠军。如果你们不能在自己选择的比赛中找到获胜的方法，就不可能被认为是真正卓越的组织。

超凡的影响力

一家真正卓越的公司会在其相关领域内做出独一无二的卓越贡献，以至于如果这家企业消失了，就会留下世界上任何其他机构都无法轻易填补的空白。如果你的组织消失了，谁会想念它？为什么会想念它？并不是成为大公司才会变得如此重要，想象一家精美的当地小餐馆，如果它消失了，人们也是会非常想念它的。大并不意味着卓越，卓越也不等同于大。

永续经营

一家真正卓越的组织的成功依赖于持续长久的发展，而不局限于任何好的创意、市场机会、技术周期或资金充足的项目。当遭遇挫折时，它会找到更好的方法崛地而起。一个卓越的企业不会对某个英雄领袖产生依赖，如果你的组织没有你就不能实现卓越，那么它就不是真正卓越的组织。

最后，我要提醒大家，永远不要以为你的组织已取得了相当伟大的成就。从优秀到卓越永无止境。不管我们已走多远，取得了多大成就，相比我们接下去要做的，我们仅仅是优秀而已。卓越是一个内在的动态过程，而不是终点。当你认为自己已经实现了卓越的那一刻，你就已经开始滑向平庸。

注释

[1] Stephen Ressler, *Understanding the World's Greatest Structures* (Chantilly, VA: The Teaching Company, 2011), Lecture 24.

[2] Brad Stone, *The Everything Store* (New York, NY: Little, Brown and Company, 2013), 6-8, 12, 14, 100-102, 126-128, 188, 262-263, 268.

[3] Erika Fry, "Mutual Fund Giant Vanguard Flexes Its Muscles, "*Fortune*, December 8, 2016, http://fortune.com/vanguard-mutual-funds-investment/ ; "Fast Facts about Vanguard," *The Vanguard Group, Inc*, Accessed in 2017, https://about.

vanguard.com/who-we-are/fast-facts/.

[4] Robert N. Noyce, “MOSFET Semiconductor IC Memories, ” *Electronics World*, October 1970, 46; Gene Bylinsky, “How Intel Won Its Bet on Memory Chips, ” *Fortune*, November 1973, 142-147, 184; Robert N. Noyce, “Innovation: The Fruit of Success, ” *Technology Review*, February 1978, 24; “Innovative Intel, ” *Economist*, June 16, 1979, 94; Michael Annibale, “Intel: The Microprocessor Champ Gambles on Another Leap Forward, ” *Business Week*, April 14, 1980, 98; Mimi Real and Robert Warren, *A Revolution in Progress...A History of Intel to Date* (Santa Clara, CA: Intel Corporation, 1984), 4; Gordon E. Moore, “Cramming More Components onto Integrated Circuits, ” *Proceedings of the IEEE*, January 1998, 82-83; Leslie Berlin, *The Man Behind the Microchip* (New York, NY: Oxford University Press, 2005), 160, 170-172; “Moore’s Law, ” *Intel Corporation*,

Accessed in 2018, http://www.intel.com/technology/mooreslaw/.

[5] Andrew S. Grove, *Only the Paranoid Survive: How to Exploit the Crisis Points that Challenge Every Company* (New York, NY: Crown Business; 1st Currency Pbk. Ed edition, April 23, 2010), 85-89.

[6] James C. Collins and William C. Lazier, *Managing the Small to Mid-Sized Company* (New York, NY: Richard D. Irwin Publishers, 1995), C47-C74.

[7] James C. Collins and William C. Lazier, *Managing the Small to Mid-Sized Company* (New York, NY: Richard D. Irwin Publishers, 1995), C47-C74.

[8] Jim Collins and Morten T. Hansen, *Great by Choice: Uncertainty Chaos and Luck—Why Some Thrive Despite Them All* (New York, NY: HarperBusiness, 2011), 76; Brad Stone, *The Everything Store* (New York NY: Little, Brown and

Company, 2013), 34.

[9] Gerard J. Tellis and Peter N. Golder, *Will & Vision* (New York, NY: McGraw-Hill, 2002), 257 ; Jim Collins, *Good to Great: Why Some Companies Make the Leap and Others Don't* (New York, NY: HarperCollins Publishers Inc., 2001), 149, 152, 158 ; Jim Collins and Morten T. Hansen, *Great by Choice: Uncertainty, Chaos and Luck—Why Some Thrive Despite Them All* (New York, NY: HarperBusiness, 2011), 70-71, 72-73, 76, 89-90, 168 ; Jim Collins and Jerry I. Porras, *Built to Last:Successful Habits of Visionary Companies* (New York, NY: HarperBusiness, 1994), 25-26.

[10] Author interview with Deb Gustafson ; Karin Chenoweth, "The Homework Conundrum, "*The Huffington Post*, March 12, 2014, http://www.huffingtonpost.com/Karin-Chenoweth/the-homework-conundrum_b_4942273.html.

[11] Author interview with Deb Gustafson; Karin Chenoweth, "How it's Being Done: Urgent Lessons from Unexpected Schools-Student Services Symposium," *The Education Trust*, May 17, 2010, 24-26.

[12] Author interview with Deb Gustafson.

[13] "About," *Ojai Music Festival*, Accessed in 2018, https://www.ojaifestival.org/about/; "Milestones," *Ojai Music Festival*, Accessed in 2018, https://www.ojaifestival.org/about/milestones/.

[14] Author interview with Tom Morris.

[15] "Inuksuit, John Luther Adams, and Ojai," Ojai *Music Festival*, Accessed in 2018, https://www.ojaifestival.org/inuksuit-john-luther-adams-and-ojai/.

[16] Author interview with Tom Morris.

[17] Author interview with Dr. Toby Cosgrove; Toby Cosgrove, *The Cleveland Clinic Way: Lessons in Excellence from One of*

the World's Leading Health Care Organizations (New York, NY: McGraw-Hill Education, 2013).

[18] Author interview with Dr. Toby Cosgrove; Toby Cosgrove, *The Cleveland Clinic Way: Lessons in Excellence from One of the World's Leading Health Care Organizations* (New York, NY: McGraw-Hill Education, 2013); "Toby Cosgrove, M.D., Announces His Decision to Transition from President, CEO Role," *Cleveland Clinic*, May 1, 2017, https://newsroom.clevelandclinic.org/2017/05/01/toby-cosgrove-m-d-announces-decision-transition-president-ceo-role/; Lydia Coutré, "The Cosgrove Era Comes to a Close," *Cleveland Business*, December 10, 2017, http://www.crainscleveland.com/article/20171210/news/145131/cosgrove-era-comes-close.

[19] Jim Collins and Morten T. Hansen, *Great by Choice: Uncertainty, Chaos and Luck—Why Some Thrive Despite Them*

All (New York, NY: HarperBusiness, 2011), Chapter 4.

[20] Jim Collins and Morten T. Hansen, *Great by Choice: Uncertainty Chaos and Luck—Why Some Thrive Despite Them All* (New York, NY: HarperBusiness, 2011), 91-95.

[21] Amazon, *Fiscal 2015 Annual Letter to Shareholders* (Seattle, WA: Amazon, 2015) ; Amazon, *Fiscal 2016 Annual Report* (Seattle, WA: Amazon, 2016) ; Amazon, *Fiscal 2017 Annual Report* (Seattle,WA: Amazon, 2017); Alex Hern, "Amazon Web Services: the secret to the online retailer's future success, " *The Guardian*, February 2, 2017, https://www.theguardian.com/technology/2017/feb/02/amazon-web-services-the-secret-to-the-online-retailers-future-success ; Robert Hof, "Ten Years Later, Amazon Web Services Defies Skeptics, " *Forbes*, March 22, 2016, https://www.forbes.com/sites/roberthof/2016/03/22/ten-years-later-amazon-web-services-defies-skeptics/#244356466c44.

[22] Amazon, *Fiscal 2017 Annual Report* (Seattle, WA: Amazon, 2017) ; "Global Retail Industry Worth USD 28 Trillion by 2019-Analysis, Technologies & Forecasts Report 2016-2019-Research and Markets," *Business Wire*, June 30, 2016, https://www.businesswire.com/news/home/20160630005551/en/Global-Retail-Industry-Worth-USD-28-Trillion.

[23] Jim Collins, *How the Mighty Fall: And Why Some Companies Never Give In* (Boulder, CO: Jim Collins, 2009), 29-36.

[24] Alan Wurtzel, *Good to Great to Gone: The 60 Year Rise and Fall of Circuit City* (New York, NY: Diversion Books, Kindle Edition, 2012), Chapter 8 ; Circuit City Stores, Inc., *Fiscal 2002 Annual Report* (Richmond, VA: Circuit City Stores, Inc., 2002) ; Michael Janofsky, "Circuit City Takes a Spin at Used Car Marketing," *The New York Times*, October 25, 1993, http://www.nytimes.com/1993/10/25/business/circuit-city-takes-

a-spin-at-used-car-marketing.html; Mike McKesson, "Circuit City at Wheel of New Deal for Used-Car Shoppers: Megastores," *Los Angeles Times*, January 28, 1996, http://articles.latimes.com/1996-01-28/news/mn-29582_1_circuit-city.

[25] Alan Wurtzel, *Good to Great to Gone: The 60 Year Rise and Fall of Circuit City* (New York, NY: Diversion Books, Kindle Edition, 2012), Chapter 8; Circuit City Stores, Inc., *Fiscal 2002 Annual Report* (Richmond, VA: Circuit City Stores, Inc., 2002).

[26] Alan Wurtzel, *Good to Great to Gone: The 60 Year Rise and Fall of Circuit City* (New York, NY: Diversion Books, Kindle Edition, 2012), Loc 3542 of 5094.

[27] Alan Wurtzel, *Good to Great to Gone: The 60 Year Rise and Fall of Circuit City* (New York, NY: Diversion Books, Kindle Edition, 2012), Chapter 8 and Chapter 10; Jesse Romero,

"The Rise and Fall of Circuit City," *Federal Reserve Bank of Richmond*, 2013; Jim Collins, *How the Mighty Fall; And Why Some Companies Never Give In* (Boulder, CO: Jim Collins, 2009), 29-36.